CANCIONERÍA CUBANA

*

Interpreta

ROBERT LIMA

THE ORLANDO PRESS

Copyright © 2017 por Robert Lima
Se reservan todos los derechos de autor.

Impreso en los EE.UU. por Lulu Press, Inc.

ISBN: 978-1-970024-71-5

Agradezco la autorización para publicar estos poemas que aparecieron en *RANLE (Revista de la Academia Norteamericana de la Lengua Española* y en *SAW PALM:*

Poemas Habaneros: "San Lázaro, 386" / "Nochebuena" / "San Rafael, 588" / "Malecón" / "Trayectoria". En *RANLE* (New York, NY), Vol. 2, No. 4 (2013), pp.485-87.

"Guajira, el son te llama" / "Son de la loma" / "El cuarto de Tula" / "Chan Chan." En *RANLE* (New York, NY), Vol. 4, No. 8 (2015), pp. 442-44.

"Guantanamera" / "El manicero" / "Contrapuntos" / "Punto guajiro" / "Percusión". En *RANLE* (New York, NY), Vol. 5, No. 10 (2016), pp. 461-64.

"San Lázaro, 386" / "Nochebuena" / "San Rafael, 588" / "Malecón" / "Trayectoria". En *SAW PALM* (Florida International University), 2016. Tenth Anniversary Issue.

Imágenes:

Cubierta: Palmeras (uso gratuito)

Página titular: "Tresero" en romanvirdi.com (uso gratuito)

Interior: "Tres, Maracas y Güiro …" y "Robert Lima", fotos de Mark X. Lima

Cubierta trasera: "Bohío, 1899" de Eluisa Rovira (propiedad del autor)

Tres, Maracas y Guiro
y un Cantante en La Habana

CANCIONERÍA CUBANA

GUAJIRA, EL SON TE LLAMA   2
SON DE LA LOMA   3
EL CUARTO DE TULA   4
CHAN CHAN   6
GUANTANAMERA   7
EL MANICERO   9
CONTRAPUNTOS   10
PUNTO GUAJIRO   12
PERCUSIÓN   13

POEMAS HABANEROS

CALLEJEROS   16
TRAYECTORIA   17
SAN LÁZARO, 386   18
NOCHEBUENA   19
SAN RAFAEL, 588   20
MALECÓN   21

*

Sobre el Autor…   22

CANCIONERÍA CUBANA

GUAJIRA, EL SON TE LLAMA

*"Guajira, el son te llama
a bailar, a gozar"*

A mi también el son me llama
Con su suave tono y repetición.
A mi también me llama con
El ritmo del bongó
Y ese tres que toca fina melodia
Pa caderas que se mueven
Al rico ritmo del diapasón.

Y oigo, a la vez, el son
De carretas campesinas,
Su vaivén de las maderas
Que imitan las caderas
Que se agitan con el son.

SON DE LA LOMA

*"Mamá, yo quiero saber
de dónde son los cantantes"*

Son de La Habana,
mi tierra cubana,
dónde se canta
de noche y de dia
y en el Malecón
se unen las voces
del viejo y del joven,
se mueve la gente,
los blancos y negros,
con el paso caliente
y cuerpo ondulante
de los que bailan
al son de la loma
que viene de Oriente.

EL CUARTO DE TULA

"El cuarto de Tula le cogió candela.
Se quedó dormida y no apagó la vela"

¡Despiértate, Tula,
Sálvate la vida
Que tu casa está
Toda encendida!

¡Levántate, Tula,
Que la cosa es fea.
Véte a la ventana y
Grita hacia afuera!

Descuídate, Tula,
Que te van salvando.
Los bomberos vienen
Y con sus mangueras
Apagarán el fuego
Que te está quemando.

Consuélate, Tula,
Que ya va el bombero,

Se mete en tu cuarto y
Ya te está regándo.

El cuerpo de Tula
Ya se está calmándo
Ahora que su fuego ya
No le está quemándo.

CHAN CHAN

*"De Alto Cedro voy para Marcané,
Llego a Cueto voy para Mayarí"*

En Holguín hay cuatro pueblos
Tan sonoros que Compay
Hizo el son de dos amantes
Recordados por la gente
En un ritmo que soñó
Y captivo se quedó
Con Juanica y su Chan Chan,
Que en la orilla de su mar
Recogen arena pa usar
En una casita pa dos.
Y lo que vino a pasar
Es que ella se movió
En un ritmo muy sensual
Y él se quedó apenado
De no poder actuar.

GUANTANAMERA

"Guantanamera, guajira guantanamera"

Como hombre muy sincero,
El patriota escribió
Unos versos que resuenan
Por la patria que amó.

Y es Martí quien legó
Sus versos sencillos a la Cuba
Que en su alma resonó
Y han pasado a ser la letra
De esta preciosa canción.

Y como Celia la cantaba,
Figura la rosa blanca
Que el poeta cultivaba
Para el hombre que, sincero,
Le daba su mano franca.

Por los pobres de su tierra,
Con el verso y el ensayo,
Confrontra el mal social,

Y después riesga la guerra
Por su pueblo a libertar.

Su verso es simple y claro.
Es un ciervo que, herido,
Busca en el monte amparo.
Y en la tierra en que nació,
Es donde Martí falleció.

EL MANICERO

"Maní, maní, manicero, maní"

Por las calles de La Habana
Se pregona el maní
En cucuruchitos de papel,
Cariñosamente de sus manos
Hechos por el viejo que pregona
Ambulándo viejas calles
De adoquín.

Y las amas de las casas
Tempranito en la mañana
Al oír al manicero
Y atentas al pregón
Se apresuran a comprárle
Esos cucuruchos pardos
Con sus suculentos cargos
De maní.

CONTRAPUNTOS

*

El Danzón es elegante
Con su orígen européo
Y se baila algo lento.
Con saludo de sombrero
En la pausa del paseo.

*

La Rumba, extravagante,
Con su ritmo soberano.
Se baila con más rapidez
Y se mueve todo el cuerpo
Sin la pausa de recreo.

*

La Conga, baile embriagante
Con el bokú africano,
Es la danza más ardiente
Por el ritmo tan sonante
De tumbadora incesante.

*

La Comparsa, ambulante,
De los músicos y bailantes
Se desfila por las calles
Con sus ritmos tropicales
En las ferias provinciales.

*

Con gran sátira y humor,
La Guaracha se defina
Y en el teatro bufo de ayer
Su canto se empleaba para
Confrontar los vicios de la vida.

PUNTO GUAJIRO

Dentro de sus décimas,
Todo se acapara:
Puede ser política o
Piropos a las lindas o
Recordar al héroe
De alguna guerra pasada.

También se puede cantar
De un amor perdido o
Algún triunfo social o
Peléa de los gallos
En un corral prohibido
Con apuestas de centavos.

Controversia o concurso,
Todo cabe en su trova
Y así el pueblo se conforma
De que tiene voz que vale
Con su canto, punteando
Las guitarras, y la clave.

PERCUSIÓN

Timbales que suenan su ra-ta-ta-tat
Guiro que raspéa
Bongó que vocéa
Conga que hondéa
Maraca que chuchéa
Cencerro que tantéa
Clave que sondéa

Todo el ritmo en conjunto
De sonidos muy sensuales
Que acompañan la comparsa,
La guaracha, rumba, y son,
Toda música elemental
En la vida del país.

POEMAS HABANEROS

*

Callejeros

Trayectoria

San Lázaro, 386

Nochebuena

San Rafael, 588

Malecón

CALLEJEROS

El Manicero

El Trapero

El Panadero

El Heladero

El Gallinero

El Frutero

El Granizadero

…

Todos voceando

Su pregón

Por las calles

Habaneras

Del ayer

De mi niñez

TRAYECTORIA

Salir. Cerrar.
Ya no más la casa mía.
Partir. Dejar
Atrás la vida que vivía.
Volar. Mirar
La forma isla en que nací.
Girar. Pasar
Viéndo años que viví.

Volver. Llegar.
Pisar y andar las calles
Que de niño abandoné,
Yéndome muy lejos
De sus palmas y su mar.
Volver, volver, volver
A sus calles otra vez
Con la juventud a cuestas
En mis años de vejez.

SAN LÁZARO, 386

En esa vieja calle de la capital,
En ese número de esa misma calle,
Dice el documento que nací.
Y en un viejo Lada comunista
Peregriné hacia el encuentro
Con mi niñez de hace tanto.
Llegué al 364 y nada más:
Habían edificios derrumbados
Y solares de tierra sin numeración.

En esa vieja calle donde nací,
Ya no quedaba rastro de mí
Y pensé que tal vez nunca nací.
Y me pregunto que si ahora, viejo,
Toda mi vida ha sido pura ilusión,
O, si como el santificado hombre
De esa calle habanera,
He resucitado años después.

NOCHEBUENA

En la sala de mi abuela,
La familia reunída para la cena...

Mi padre picaba del cochinito
A escondidas de mi abuela
En la cocina mientras Tío Rafa,
Secuestrado por cajones de Polar,
Bebía sus botellas sin cesar
Preparándose para la degustación
Ofrecida por olores de cocina.

Al fin salía mi abuela con su cargo:
Era "El Lechón de Pilar" y mi padre
Le seguía como monaguillo tras el cura
Pero lambiéndose labios y chupando
Dedos, aún con trozo de lechón robado
Mientras ella defendía el tesoro dorado
En la abundante bandeja plateada.

Todo era amor y regocijo
En esa noche de paz y de luz.

SAN RAFAEL, 588

Al fin llegué a ese verde edificio
De cinco pisos muy gastados
Por el tiempo y abandono.

Su portón, antes majestuoso,
Sólo era sombra de su ayer
Cuando se abría al recibirme.

Subiendo sus escalones, iba
El niño que yo era hacia los
Brazos tiernos de la abuela.

Y en su terraza, bajo cielo azul,
Jugaba en tardes calurosas
Tirando cositas desde allí al azar.

Y en su lavandería, el chino de abajo
Me gritaba horrores cantoneses
al recibir mis regalitos de la altura.

Volví a la escena tras los años. Pero
La lavandería sin el chino no tenía voz:
Monumento mudo a nuestro pasado.

MALECÓN

Aquí se cansa el mar, rompiéndose,
viaje pacifico transformándose en
la resonancia de olas
espumándose locamente contra piedra,
retirándose del trajín náutico
al encuentro terrenal diario.

Sobre el Autor ...

ROBERT LIMA MILLARES, Ph.D., OIC

CARRERA: Ha sido Catedrático de Literaturas Hispánicas y Comparadas, y Becario Numerario del Instituto de las Artes y Estudios Humanísticos en La Universidad Estatal de Pensilvania, donde ha enseñado desde 1965 hasta su jubilación en 2002 de Profesor Emérito y Becario Emérito.

BIOGRAFÍA: Nacido el 7 de noviembre de 1935 en La Habana, de padre cubano (Roberto Lima Rovira, de ascendencia portuguesa) y madre española (Juana Millares Vázquez, de Noya en Galicia), residió en la capital cubana hasta 1944, cuando su familia se trasladó a Mayaguez, Puerto Rico por ocho meses antes de recibir la residencia permanente en los EE.UU., su domicilio desde entonces. Licenciado en Filosofía y Letras (B.A) de la Universidad de Villanova (EE.UU.) en 1957, recibió el título de M.A en Teatro y Literatura Dramática en 1961 de la misma institución, al terminar su servicio militar. Su tesis fue sobre el teatro de Federico García Lorca. Después trabajó en Nueva York en la editorial T.Y. Crowell y más tarde en capacidad de co-productor de programación hispana en La Voz de América. En 1962 comenzó su carrera profesoral en Hunter College de la Universidad de la Ciudad de Nueva York, a la vez que emprendió estudios doctorales en la Universidad de Nueva York, teniendo como mentores a los distinguidos profesores Joaquín Casalduero y Francisco Ayala. Recibió el doctorado (PhD) en 1968 de New York University con honores departamentales por su tesis doctoral sobre la vida y obra de Ramón del Valle-Inclán y con el galardón del premio Dia de los Fundadores por Excelencia Académica.

LIBROS: En su capacidad de crítico literario, poeta, biógrafo, dramaturgo, traductor, bibliógrafo y redactor, ha tomado como misión profesional dar a conocer la literatura y cultura hispana al mundo de habla inglesa. Entre sus libros se destacan The Reader's Encyclopedia of American Literature (enciclopedia; co-redactor, 1962), The Theatre of García Lorca (crítica, 1963, primer libro en inglés sobre la obra teatral de FGL), Borges the Labyrinth Maker (crítica, redactor-traductor, 1965, primer estudio crítico en inglés), Ramón del Valle-Inclán (crítica, 1972), An Annotated Bibliography of Ramón del Valle-Inclán (bibliografía, 1972), Surrealism--A Celebration (ensayos, redactor, 1975), Poems of Exile and Alienation (poesía, 1976), Fathoms (poesía, 1981), Dos ensayos sobre teatro español de los veinte (crítica, autor de la primera parte, 1984), The Olde Ground (poesía, 1985), The Lamp of Marvels. Aesthetic Meditations (traducción, 1986, la primera en inglés de la obra de Valle-Inclán), Valle-Inclán. The Theatre of His Life (biografía, la primera en inglés, 1988), Mayaland (poesía, edición bilingue, 1992), Savage Acts. Four Plays (traducción de obras de Valle-Inclán, 1993), y Borges and the Esoteric (ensayos; redactor, 1993). El primer tomo de su The International Bibliography of Ramón del Valle-Inclán ha sido publicado en Londres por Grant & Cutler Ltd en 1999. Otros libros son un estudio crítico que va desde la época medieval hasta el presente y que se titula Dark Prisms: Occultism in Hispanic Drama (1995), Homenaje a / Tribute to Martha T. Halsey (1995), Text and Context: A Tribute to Beno Weiss (2001), la traducción al español Valle-Inclán. El teatro de su vida (publicada en 1995 por Editorial Nigra Imaxe, de Vigo y el Consorcio de Santiago de Compostela), Sardinia / Sardegna (prosa y poesía, 2000), Tracking the Minotaur (poesía, 2003), The Dramatic World of Valle-Inclán (crítica, Londres: Boydell & Brewer, 2003), Stages of Evil. Occultism in Western Theater and Drama (crítica, University Press of Kentucky, 2005), The Pointing Bone (poesía, 2008), The Rites of Stone (poesía, 2010), Prismas oscuros. El ocultismo en el teatro hispánico (crítica, Madrid: Editorial Fundamentos–RESAD, 2010), Self (poesía, 2012), Por caminos errantes (poesía, 2014). Además, publicó The International Bibliography of Studies on the Life and Works of Ramón del Valle-Inclán (2 tomos, The Orlando Press, 2008), Words of Power. Adages, Axioms and Aphorisms (Floricanto Press, 2014), redactado y traducido de obras de Ramón del Valle-Inclán, Provenance and Residuals. Bringing the Past Forward (autobiografía, The Orlando Press, 2014), Some People! Anecdotes, Images and Letters of Persons of Interest (anécdotas, entre éllas de Francisco Ayala, Andrés Segovia, Salvador Dalí, J.L. Borges, Antonio Buero Vallejo, Camilo José Cela, Francisco García Lorca, José Martín Recuerda, y Mario Vargas Llosa. The Orlando Press, 2015), y Celestials (poesía, 2017).

ARTICULOS: Más de ciento cincuenta de sus artículos han sido publicados en Afro-Hispanic Review, Américas (OEA), Atenea (Puerto Rico), Bestia, Boletín del Instituto Riva-Aguero (Perú), Cauda Pavonis: Studies in Hermeticism, The Chicago Tribune, The Christian Science Monitor, Cielo Abierto (Perú), Comparative Literature Studies, Contemporary Theatre Review (Inglaterra), Crítica Hispánica, Drama Critique, Estreno, The Hermetic Journal (Inglaterra), Hispania, Journal of Dramatic Theory and Criticism, The Journal of General Education, Keltic Fringe, Latin American Literary Review, Latin American Theatre Review, La Voz, Letras Peninsulares, Lexis, The Lima Times (Perú), Luso-Brazilian Review, Modern Drama, Modern Fiction Studies, Neophilologus, The Philadelphia Bulletin, The Philadelphia Inquirer, The Review of Contemporary Fiction, Revista de la Academia Norteamericana de la Lengua Espanola, Revista de

Estudios Hispánicos, Romance Notes, Romanic Review, Saturday Review, Studies in American Fiction, The Theatre Annual, The Washington Post; en homenajes a José Amor y Vázquez, Francisco Ayala, Miguel Enguídanos, Ramón Martínez López, Enrique Ruiz Fornells, Emma Susana Speratti Pinero, Victor F. Dixon, Martha T. Halsey, Gilberto Paolini, José Luis Rivarola, Luis Jaime Cisneros, Ricardo Doménech, y en los libros Borges the Poet, Con Borges, Contemporary Literary Criticism, De Baudelaire a Lorca. Acercamiento a la modernidad literaria (Alemania), Enfer et Paradis (Francia), European Iconography East and West (Hungary), European Writers: The Twentieth Century, Literature and the Occult, Lorca's Legacy, The McGraw-Hill Encyclopedia of World Drama, Modern Spanish and Portuguese Literatures, Palabras más que comunes: Ensayos sobre el teatro de José Triana, Pennsylvania 1776, Quimera, Cántico, Busca y Rebusca de Valle-Inclán (España), Ramón del Valle-Inclán: An Appraisal of His Life and Works, Romance Languages Annual, Semiotica del Testo Mistico (Italia), Twentieth Century Literary Criticism, Valle-Inclán: Nueva valorización de su obra, Imported Breads: Literature of Cultural Exchange, PEN America. A Journal for Writers, entre otros.

TRADUCCIONES DE TEATRO: Con el fin de divulgar obras del teatro español, ha hecho traducciones al inglés de textos de Juan del Encina, Luis Quiñones de Benavente, Serafín y Joaquín Alvarez Quintero, José María Bellido, Antonio Martínez Ballesteros y Ramón del Valle-Inclán, que han aparecido en el libro The New Wave Spanish Drama y varios números de la revista Modern International Drama. Su versión de Las arrecogías del beaterio de Santa María Egipciaca, del granadino José Martín Recuerda, fue estrenada bajo el título The Inmates of the Convent of St. Mary Egyptian en 1980, publicada en Nueva York en el libro DramaContemporary: Spain en 1985, y presentada en el prestigioso Festival Fringe de Edinburgo en 1988. Sus traducciónes de cuatro obras de Valle-Inclán aparecieron en Savage Acts. Four Plays en 1993. Está preparando el libreto para una ópera sobre Las arrecogías.

TRADUCCIONES DE POESIA: En cuanto a la poesía de España y América Latina, ha promulgado las obras de sus grandes poetas en traducciones al inglés publicadas, entre otras, en las importantes revistas literarias Chelsea, Chicago Review, Dreamworks, James Joyce Quarterly, Kosmos, Latin American Literary Review, The Literary Review, Modern Fiction Studies, Mundus Artium, Poesis, Poe Studies, Poet Lore, Prairie Schooner, Salted Feathers, Stardancer, Visions, y en los libros Anthology of Contemporary Latin American Literature, (Borges) Simply a Man of Letters, Borges the Poet, Latin American Women Writers Yesterday and Today, MovieWorks Anthology, Octavio Paz: Homage to the Poet, Poems of Exile and Alienation, Simposio Pablo Neruda y Lips. International Women Poets Anthology. Tiene en preparación la antología de sus traducciones Ikons of the Southern Hemisphere. Modern Spanish American Poetry in Translation.

POESIA PROPIA: Además de sus 10 libros de poesía, se han publicado más de quinientos de sus propios poemas en revistas, periódicos, libros y folletos en los Estados Unidos, América Latina y Europa, paises en los cuales ha dado muchas lecturas de poesía, o sólo o en compañía de otros poetas conocidos. Sus poemas aparecen en las antologías Seventh Street. Poems of "Les Deux Megots", Latin American Writing: The 60s and 70s, en varios números anuales de Pivot, Anthology of Magazine Verse and Yearbook of American Poetry, In the West of Ireland. A Literary Celebration in Contemporary Poetry, Uncommonplaces: Poems of the Fantastic, 2001: A Science Fiction Poetry Anthology, Dark Lullaby, Pennsylvania Seasons, entre otras colecciones. En 2004 se celebró su carrera poética con la exposición "The Poetic World of Robert Lima: A Retrospective" en la biblioteca de la Universidad Estatal de Pensilvania, de marzo hasta agosto. En abril de 2017 el Bellefonte Art Museum presentó la exposición "Word and Image. The Poetry of Robert Lima".

CONFERENCIAS: También ha sido muy extensa su actividad como conferenciante invitado en congresos internacionales, reuniones de asociaciones profesionales y series de conferencias universitarias. En

1974, después de dos años de preparativos, organizó y dirigió un congreso internacional e interdisciplinario para celebrar el quincuagésimo aniversario del Surrealismo. En 1986 presentó el discurso de apertura en tres congresos en España, dos dedicados a Valle-Inclán y otro a la "Generación de 1898".

HONORES: Ha sido becado de la Fundación Cintas, de la Comisión Fulbright, de la Agencia de Informes de EE.UU. (USIA), y del Concilio de Pensilvania para las Humanidades, entre otras entidades, tanto como becario honorario de Phi Kappa Phi y Phi Sigma Iota, y socio elegido de PEN Internacional y la Poetry Society de America. Su biografía aparece en Contemporary Authors, International Who's Who in Poetry, Who's Who Among Hispanic Americans, International Authors and Writers Who's Who, Gallegos. Quien es quien en la Galicia de los 90, Gran Enciclopedia Gallega, Who's Who in America, y Who's Who in the World, entre otros. En 1997 fue elegido Numerario de la Academia Norteamericana de la Lengua Española y Correspondiente de la Real Academia Española. Su Majestad, El Rey Juan Carlos I de España le otorgó la Encomienda de Número de la Orden de Isabel la Católica en 2003 por su devoción a la literatura y cultura hispánica tras sus cursos universitarios, sus conferencias y sus publicaciones. Ha sido iniciado en la Enxebre Orden de la Vieira, en Madrid, y el Foro di Studi Avanzati "Gaetano Massa" en Roma.

RXL2@PSU.EDU

www.ingramcontent.com/pod-product-compliance
Lightning Source LLC
Chambersburg PA
CBHW051720040426
42446CB00008B/981